El agua de la Tierra

por Lorrie Oestreicher

MW01536574

PEARSON
Scott
Foresman

DK

El agua da vida

Todos los seres vivos necesitan agua para vivir. Las plantas, los animales, los peces, los insectos, las aves y los seres humanos dependen del agua.
¿Cuál de estas cosas crees que es más importante: alimento, albergue, ropa o agua? Si crees que es el agua, tienes razón. Aunque necesitamos todo lo demás, sin agua sólo viviríamos unos pocos días.

Muchos de los seres vivos de la Tierra pasan toda su vida en el agua. Ya has leído sobre los peces, las almejas y otros seres marinos. Pero en el agua también hay muchos seres vivos que son difíciles de ver. Por ejemplo, en las lagunas y los lagos hay un ser vivo llamado paramecio. Es tan pequeñito, ¡que no se puede ver sin un microscopio!

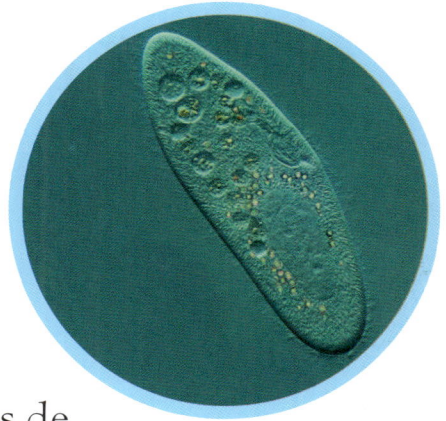

paramecio amplificado

Todos los seres vivos necesitan agua

Casi dos tercios de tu cuerpo están compuestos de agua. El agua ayuda al cuerpo a funcionar bien.

Debemos beber bastante agua porque el cuerpo humano pierde mucha agua al sudar. El sudor mantiene el cuerpo a la temperatura adecuada.

Las lágrimas enjuagan el polvo que nos cae en los ojos. La saliva de la boca nos ayuda a digerir los alimentos. La sangre, que es casi toda agua, transporta el oxígeno y los nutrientes a través del cuerpo. El agua de la sangre también elimina los desperdicios de los órganos.

Correr nos hace sudar.

Este terreno se riega para que los cultivos crezcan.

Cómo usamos el agua

Los granjeros usan gran cantidad de agua para que sus cultivos crezcan. Más de la mitad del agua dulce del mundo se usa en el cultivo de alimentos. El agua se lleva a los campos de cultivo desde los ríos, lagos, embalses y pozos. Esto permite cultivar la tierra en lugares donde llueve muy poco.

Hemos aprendido a usar el agua de muchas maneras. Barcos enormes se mueven fácilmente en el agua. Esto permite transportar mercancías por todo el mundo.

Al aprender a usar la energía del agua, muchas cosas cambiaron. Se construyeron diques para bloquear los ríos. Los diques controlan las inundaciones. También ayudan a producir electricidad. En todo el mundo se usa la electricidad que los diques producen para calentar e iluminar las casas.

Agua salada y agua dulce

Casi tres cuartas partes de la Tierra están cubiertas del agua salada del mar. El agua salada se usa para el transporte y la pesca. No se puede usar para beber, bañarse o cocinar. Tampoco la pueden beber los animales. También daña las plantas que crecen en tierra, por eso no se puede usar para regar los cultivos.

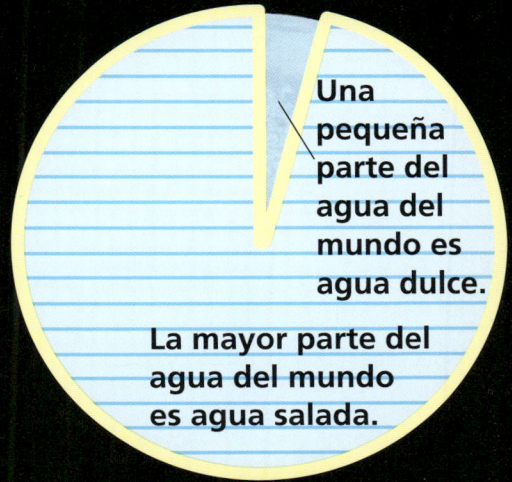

Casi tres cuartos de la superficie del mundo está cubierta de agua.

Una pequeña parte del agua del mundo es agua dulce.

La mayor parte del agua del mundo es agua salada.

Sólo una pequeña parte del agua de la Tierra es agua dulce. El agua dulce se halla en el hielo, la nieve, los ríos, los lagos, los arroyos y el suelo. Unos dos tercios del agua dulce está congelada en los glaciares y casquetes de hielo del Polo Norte y del Polo Sur. Por eso, no queda mucha agua dulce para las personas, las plantas y los animales.

lago

río

El agua dulce de los arroyos y los ríos siempre fluye. La gravedad hace que mucha agua dulce se filtre bajo la superficie de la Tierra. Esa agua dulce se llama **agua subterránea.** Para sacar el agua subterránea a la superficie hay que cavar pozos.

Cuando un río, un lago o un arroyo se desborda, se forman humedales. Los **humedales** son áreas pantanosas que absorben el agua sobrante de la tierra. Ayudan a controlar las inundaciones. Muchas aves y animales están adaptados para vivir en los humedales.

pozo

humedales

9

Agua, hielo y vapor

Si pones agua en el congelador, su temperatura baja. Cuando alcanza los 32 grados Fahrenheit, el agua se congela y se vuelve sólida. La nieve y el granizo también son formas sólidas del agua.

Cuando el agua se calienta, se evapora y se convierte en **vapor de agua.** Ese proceso se llama **evaporación.** La evaporación hace que el agua cambie de líquido a gas sin tener que hervirla. El agua de la superficie del mar y de los lagos se evapora constantemente en el aire debido al calor del Sol.

El vapor de agua se eleva en el aire.

Punto de congelación en grados Fahrenheit y en grados Celsius

El vapor de agua es invisible, pero en días húmedos lo podemos sentir. En esos días nos sentimos "pegajosos" porque nuestro sudor no se evapora bien.

De noche, cuando el Sol se pone, el aire se enfría. El vapor de agua se puede volver a convertir en líquido a esa hora. Ese proceso se llama **condensación.** El rocío es un tipo de condensación que ayuda a las plantas a crecer. Las nubes y la niebla también se forman de condensación.

Rocío en una flor

Agua en movimiento

Nubes de lluvia

El agua de la Tierra se usa una y otra vez. Se mueve entre el aire, la tierra y el mar en un círculo interminable llamado **ciclo del agua.**

Cuando llueve, ocurren varias cosas. Se forman charcos en las superficies como las aceras. Las gotas de lluvia que caen en una acera a menudo se evaporan.

Las gotas de lluvia que caen en la tierra se filtran por las rocas y el suelo. Es posible que lleguen hasta el agua subterránea. Así se renueva el suministro de agua subterránea.

Si las gotas de lluvia no se evaporan ni las absorbe el suelo, caen a los arroyos, ríos o lagos. De allí son arrastradas hasta el mar.

Las nubes se forman a medida que el vapor de agua se enfría.

El vapor de agua se eleva del mar.

No importa qué cantidad de agua se evapore al aire, siempre vuelve a caer a la Tierra en forma de precipitación. La **precipitación** cae como lluvia, aguanieve, nieve o granizo. Si el aire está muy frío, las gotas de lluvia se congelan en forma de granizo. La nieve se forma de diminutos cristales en las nubes. De cualquier forma que el agua regrese a la Tierra, el ciclo del agua vuelve a comenzar.

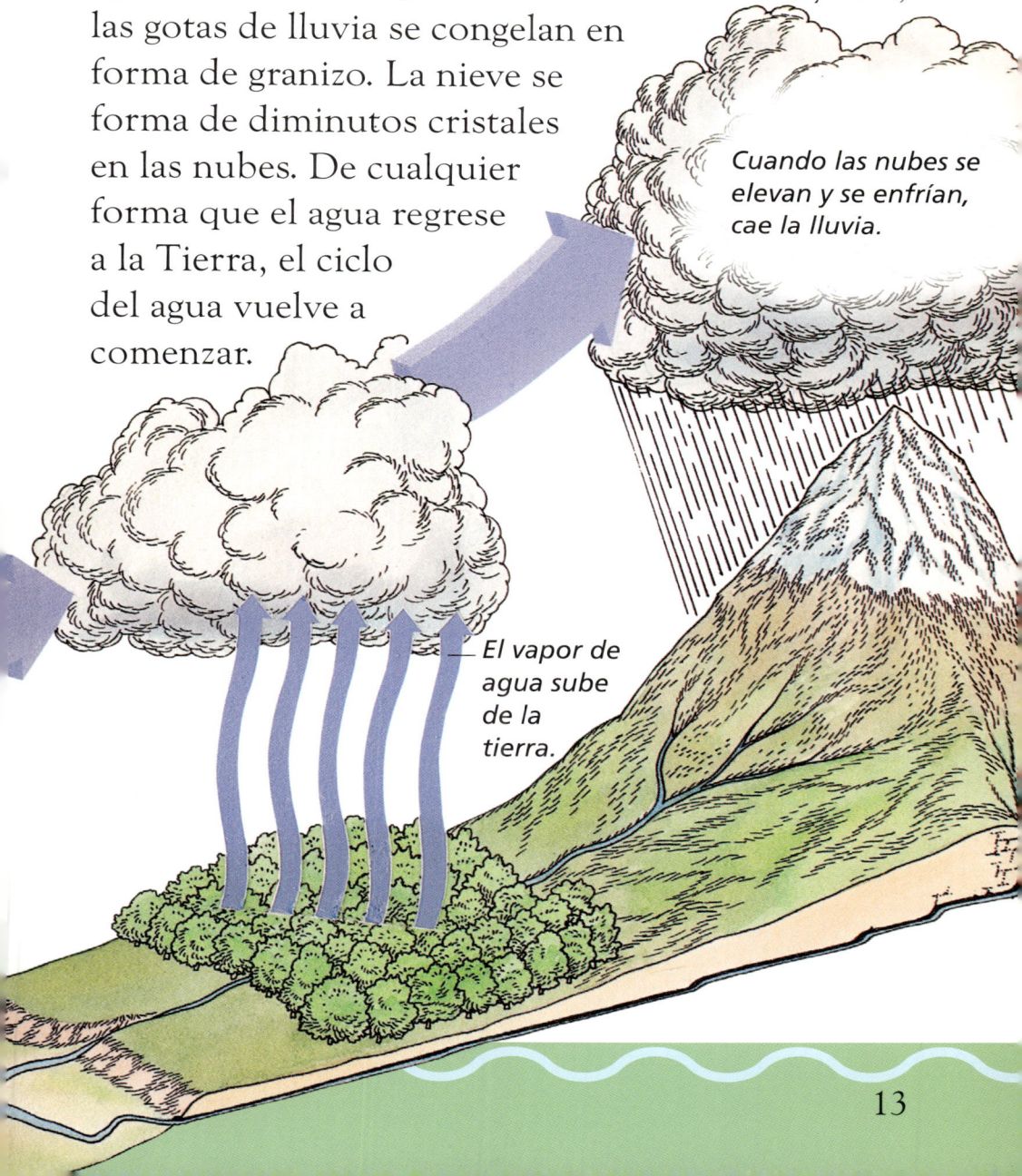

Cuando las nubes se elevan y se enfrían, cae la lluvia.

El vapor de agua sube de la tierra.

Cómo se limpia el agua

El agua contiene sustancias que no se ven. Muchas son beneficiosas, pero otras son dañinas para la salud. La contaminación, los gérmenes y las sustancias químicas en el agua nos pueden enfermar. Para que el agua se pueda beber, hay que añadirle y quitarle cosas.

Las ciudades tratan el agua dulce antes de que llegue a las casas y empresas. El agua es conducida por cañerías desde los pozos, ríos, arroyos, lagos y embalses.

Una ciudad necesita mucha agua limpia.

Camino a la ciudad, el agua pasa por filtros que la limpian. El primer filtro atrapa objetos grandes. Otro filtro de arena y gravilla retira las impurezas que quedan. Después, se bombea aire a través del agua para darle un sabor fresco. Se le agregan algunas sustancias que no dañan la salud para eliminar los gérmenes del agua y para que se pueda beber sin riesgos.

Filtrado del agua

agua sucia

agua limpia

filtros de gravilla

Glosario

agua subterránea   agua que se filtra bajo tierra y se acumula debajo del suelo

ciclo del agua   movimiento del agua, de la superficie de la Tierra al aire, que se repite

condensación   proceso que convierte un gas en un líquido

evaporación   proceso por el cual un líquido cambia a gas

humedal   terreno bajo, como una marisma o un pantano, que está inundado de agua

precipitación   toda el agua que cae a la Tierra desde las nubes en forma de lluvia, aguanieve, nieve o granizo

vapor de agua   agua que se ha elevado al aire en forma de gas invisible